AF229905

EXAMEN DE CONSCIENCE

DU DERNIER MINISTRE

DE LA

POLICE GÉNÉRALE.

On trouve aux mêmes adresses :

HISTOIRE de la Vie privée et politique du vertueux LOUIS XVI, contenant des faits ignorés des historiens, etc. ; précédée de pièces servant à démontrer que Buonaparte redoutait la liberté de la presse ; tyrannie qu'il a exercée sur la pensée ; sa haine invétérée contre la dynastie des Bourbons ; in-8°, avec le portrait de Louis XVI. Prix, 1 fr. 5o cent., et 1 fr. 75 cent., franc de port.

HISTOIRE de la Naissance, de la Vie privée et militaire, et de la fin tragique du duc d'ENGHIEN, écrite en Allemagne en 18o5, avec son portrait ; in-8°, 1 fr. 5o cent., franc de port.

EXAMEN DE CONSCIENCE

DU DERNIER MINISTRE

DE LA

POLICE GÉNÉRALE

SOUS LE RÈGNE DE BUONAPARTE,

PUBLIÉ EN 1814.

> Si le moment présent est mon accusateur,
> la postérité sera mon juge.

A PARIS,

Au Bureau du Lavater, rue des Marais, n° 18, faubourg Saint-
Germain.

DESAUGES, Libraire, rue Jacob, au coin de celle Saint-
Benoît.

1814.

EXAMEN DE CONSCIENCE

DU DERNIER MINISTRE

DE LA

POLICE GÉNÉRALE,

PUBLIÉ EN 1814.

LE premier jour de mon entrée au ministère de la police, au moment même où je
reçus les visites et les hommages de tous les
chefs de division et des *sous-sultans* de cette
île de la tyrannie, quel fut mon étonnement,
ou plutôt quel fut mon effroi!........ Il étoit
près de minuit;.... j'allai me promener SEUL,
dans ce jardin destiné à servir de distance
entre un public indiscret et curieux, et les
cris de l'innocence, ou les gémissemens des

opprimés...... Je distinguai à ma droite une femme d'une haute stature ; une colonne lumineuse s'élevoit et brilloit au-dessus de sa tête et l'accompagnoit sans cesse ; son air calme et plein de majesté m'inspira le respect et me commanda pour elle tous les sentimens de l'amour et de la vénération.

Dans sa main droite étoit une palme, de l'autre main elle tenoit un miroir. Plusieurs génies, visibles pour moi seul, l'entouroient et lui servoient de cortége.

Je demeurai interdit et confus, et cependant je n'osai pas lui adresser la parole....... Ses regards perçans étoient semblables à ces ardens rayons qui annoncent à la terre la présence du soleil ; il me sembla qu'il sortoit de sa bouche divine des paroles enflammées. Elle appuya son doigt sur mon cœur, et soudain je distinguai le prince des Asturies. Il avoit cet air de majesté et ce maintien royal qui me fit trembler dans tous mes membres au moment où j'exécutai, sur la personne sacrée de ce souverain, les ordres de mon

maître. Il me sembla qu'il me disoit encore :
Dieu, l'histoire, l'Europe et la postérité ven-
geront sur Napoléon la perfidie inouïe que
vous osez, monsieur, exercer aujourd'hui
envers le roi Ferdinand VII.... — Je détour-
nai ma vue, et j'aperçus l'ombre d'un héros
(le duc d'Enghien......) Ombre chérie, lui
dis-je, que me veux-tu?.......... En vain je
voulus rentrer dans mon appartement, toujours cette femme étoit à mes côtés,....... et
si, pour ne la plus voir, je m'enfonçois dans
l'ombre, sa présence répandoit une lumière
inévitable et terrible qui me faisoit toujours
la voir, l'entendre........ et frissonner de
crainte..... Bientôt après, ayant pris la réso-
lution de lui adresser la parole, j'osai lui
dire : Que faites-vous ici?.. qui êtes-vous?...
La foudre est moins éclatante que le son de
sa voix, et sa lumière est moins vive que le
feu de ses regards.... JE SUIS LA CONSCIENCE...
je juge les rois, je punis les tyrans, et j'im-
mole le méchant à sa propre fureur; voilà

quel est toujours son supplice, il ne peut
l'éviter.

Tu le vois, symbole de la présence divine,
une colonne lumineuse s'élève au-dessus de
ma tête; un moment obscure pour le coupable, sa lumière céleste finit par l'environ-
ner; à ma voix, les ténèbres resplendissent;
par mon ordre...... la torture commence dans
le cœur du scélérat........ Il se pourra que la
puissance du crime s'établisse sur la France;
il se pourra que les eaux assoupissantes du
lac profond, au milieu duquel s'élève l'île de
la tyrannie, répandent sur la France une
vapeur pestilentielle, et que, de cette île où
tu vas régner, le silence, la terreur, la crainte,
la stupidité et l'esclavage se dispersent dans
Paris et s'y fassent des créatures....... Le
régne de la violence est semblable à la puissance inévitable des torrens, elle est excessive, mais elle est rapide, et finit toujours
par être en exécration à tous les siècles.

Bientôt la conscience éleva sa voix; il me

sembla que le bruit de ses paroles étoit plus étendu que le règne de la lumière ; sa voix sainte et sublime avoit cet empire et cette majesté qui n'appartiennent qu'à la voix des prophètes ; j'entendis alors ces étonnantes paroles : Le prince des Asturies règnera en paix sur les Espagnes.... Le duc d'Enghien, dont la cendre repose aimée des cieux, élevé sur les ailes de la prière et des gémissemens de tout un peuple, ce héros accusera Napoléon, et son nom deviendra pour ce tyran et pour ses vils complices une source de haine et de malédiction..... Ce héros avoit à sa gauche l'ombre de Pichegru, assassiné dans sa prison. Où fuir?.... Que faire?..... Je m'égarois sans cesse ; il me sembla que le jardin étoit plus étendu que l'Espagne, et que l'empire français.... Je me sentis comme emporté par les vagues mugissantes d'une mer en furie, et je me disois : Où trouver un asile, où me cacher à la conscience ?.... Desmarets vint à moi, et il me dit : Si V. E. écoute cette puissance qui lui dit : Mon règne

est de tous les siècles, il vous sera impossible, Monseigneur, de rester en place pendant une seule minute.... Nous la connois-
sons tous, nous la laissons crier; et, pour
nous dérober à son empire, nous nous disons : Il faut régner, il faut nous perpétuer
et nous enrichir; peu importe le reste. . . .
Ce monde est un théâtre, les plus forts y
sont rois! . . . *Régnons !* — A peine avoit-il
achevé de prononcer ces mots que le ciel se
couvrit d'un épais nuage; la nuit la plus
obscure succéda à la douce clarté de la
lune; un violent orage, le tonnerre, les
éclairs me forcèrent de rentrer sur les pas
de Desmarets, les volets furent fermés, ainsi
que les persiennes, et je ne me dérobai à la
conscience que pour aller m'endormir à la
sombre lueur d'une lampe très-éloignée. —
Cependant des gendarmes veilloient dans
mon antichambre; — mon secrétaire intime
couchoit dans un petit appartement au-dessus
de ma chambre à coucher. — Que son sommeil étoit calme, qu'il étoit profond!...

Aucun bruit ne pouvoit le réveiller. — Quant à moi, je n'eus, cette première nuit, que des songes affreux.... Un certain jour (en novembre 1812) il me sembla que mon corps étoit emporté par douze spectres;... je m'en souviens encore : c'étoit l'ombre de Lahorie qui, pouvant ordonner mon supplice, avoit été généreux, et m'avoit *lui - même* défendu et protégé;..... l'ombre de Guidal, qui m'avoit conduit *sans danger* à la Force ; de Mallet et de leurs amis....

Une autre fois.... L'effroi me domine, je ne suis plus le même.

Hélas ! qu'il en coûte à un homme bien né, ayant reçu de la nature une âme aimant tout ce qui est honnête ; qu'il en coûte, après un séjour de plusieurs années dans l'île de la tyrannie, (ce nom ne lui fut donné que sous mon *long* et *odieux* ministère....) dans ce lieu de délices, où j'avois tout en abondance, excepté l'estime publique, excepté la considération, excepté les respects des gens de bien!...... J'y possédois la richesse et les honneurs ;... l'honneur seul m'avoit maudit.

Qu'il est cruel d'être chassé!... Qu'il est douloureux de se voir, à son tour, plus agité par la crainte d'un juste jugement, écrit dans tous les cœurs, prononcé par toutes les bouches; plus agité qu'un roseau qui est courbé par le vent, par le courant, ou par la tempête !... Qu'il est humiliant, après avoir été revêtu de la qualité *d'Excellence*, et s'être entendu dire partout Monseigneur, de n'être plus que l'EXÉCRÉ ; oui, j'aurois désiré.... Mais il s'agit en ce moment de mon examen de conscience, et non de mes amers et inutiles regrets.....

Commençons : oui, je le sens, souvent le désordre est, pour un ex - ministre de la police, plus beau que l'harmonie. — Je ne puis examiner ma conscience qu'à la faveur de mes remords ; semblable à l'éclair qui perce et déchire la nue, si, pour le méchant, le tonnerre est la voix courroucée du juge suprême, pour moi, les remords, huissiers de la divinité, sont une puissance inévitable et terrible....

Le premier acte de mon excessive autorité n'a pas été mon plus grand crime.... Le Rhône ne bondit pas vers sa source, il est, ce me semble, lent, peu profond, et il ne paroît considérable qu'à une certaine distance. — Le Danube n'est large qu'à Ulm, et il n'est grand que dans l'Autriche... Ma conscience, semblable à ces deux fleuves, ne se chargea de noirceurs, et ne devint une mer d'iniquités qu'à la longue et malgré moi !... Je voulois,... j'aurois voulu rester un honnête homme; j'aime la vertu, elle eut mon premier regard, je lui donnai toujours la préférence; et si j'ai fait beaucoup de mal, je n'ai fait qu'obéir. Hélas ! qu'il est difficile, quand on a dit à la conscience, tu m'ennuies; à l'équité, tu déraisonnes; à la sagesse, tu es une folle; à l'honneur, je t'opprimerai...; à la loyauté, qu'on la conduise en prison; — à son cœur, tu ne sais ce que tu dis; oh ! qu'il est difficile, qu'il est cruel de survivre à la puissance ! Mais que vais-je dire... Par où puis-je commencer ? Arcana imperii, oui, secrets d'état ; je puis me taire, ils ne sauront rien... Que me veulent-ils....? Quel orage! quelle tempête! Mon cœur se soulève, je sue ;... et la sueur de mon front, et les larmes abondantes que mes yeux ne cessent de répandre, me rappellent sans cesse le sang qui a coulé.... et les pleurs que j'ai pendant si long-temps repoussés, méprisés...... Qu'entends-je! Voici; il bruit à mon oreille, il mugit dans mon cœur, c'est le cri de l'opprimé!... Il s'échappe des prisons, il s'élève avec le parfum des fleurs; il s'élève, poussé par de nouveaux, de nombreux gémissemens, qui étoient étouffés à Vincennes, à la Force, à Sainte-Pélagie; plus rapide que l'éclair, plus majestueux que l'aurore, plus beau que le printemps, aussi grand que le génie de l'homme, précédé de la prière, de la prière toujours humble, mais ardente et ravie, le cri de l'innocence, les gémissemens des opprimés se font jour, ils s'élèvent comme les grandes eaux, ils règnent au-dessus des empires.... Dieu! c'est ton sein qui devient leur port, c'est ton sanctuaire qui devient leur asile;... ils se prosternent, ils t'adorent, et le coupable est puni!... Ils ont approché ton trône sacré, et, à ta voix la justice s'éveille!...

O méchans rois, il n'y a point de ténèbres pour vous!...

Arcana imperii : Qui a dit cela? Les tyrans!... Mais, oh! ma douleur, ne peux-tu donc un moment, un seul moment te calmer?

Oui, il faut que j'en convienne, j'ai eu d'énormes torts; la Seine a moins de vagues que je n'ai fait couler de pleurs; — le ciel a moins d'étoiles que n'ont été nombreux les cris de l'innocence, opprimée pendant un si long-temps, et par mes ordres!...

Celui-ci m'a paru bien coupable, il avoit été acquitté, malgré la volonté bien connue de mon maître, dans un procès solennel; — il a subi vingt-cinq mois d'emprisonnement : Quel fut son crime?..... *Il étoit acquitté.*

(12)

Cet autre, oh! pour celui-ci, il me semble que la conscience elle-même auroit eu tort, oui.... la cathédrale d'Amiens, malgré son extrême grandeur, étoit devenue trop étroite quand il montoit en chaire. Il avoit su réunir l'innocence pure et la voix de Jean-Baptiste à l'éloquence de saint Chrysostôme; sa figure étoit seule un sermon *télégraphique*; les Picards accouroient en foule, du plus loin qu'ils l'apercevoient; ils se convertissoient, et vouloient être saints; ceux qui pouvoient l'entendre avoient ouï un prophète, un apôtre, un ange de lumière.... Certes, c'étoit bien, de la part de ce prédicateur, une vaste, une incontestable conspiration contre Napoléon et contre son gouvernement. Par obéissance, et malgré Sa Sainteté, je l'ai envoyé en prison, il y a demeuré huit à neuf cents jours.... De quoi s'avisoit-il?

Pour le saint, le bien-aimé, le révéré de la rue Saint-Martin, il étoit presque aussi coupable que l'orateur d'Amiens; sa figure

toujours calme, son air recueilli, ses ma-
nières insinuantes et douces, sa piété sin-
cère, et puis, quoi.... C'étoit dans Paris un
candidat saint ! proclamé LE SAINT HOMME.
Napoléon étoit par-dessus tout excessive-
ment jaloux ; un saint, particulièrement à
Paris, n'étoit pas un monument de sa façon ;
le secret en étoit perdu ; cela lui parut plus
que dangereux ; joint à cela, ce brave homme
ne parloit que du ciel, ... il a été coffré....
Il a pleuré sa faute, et sans les alliés il l'ex-
pieroit encore ; il a subi vingt-six mois de
prison. Oh ! pour celui-là, c'est la moindre
de mes iniquités.

Oui, j'ai gardé le souvenir de ce pauvre
T. M. Il m'a, sinon persuadé qu'il avoit
raison, il m'a véritablement intéressé en sa
faveur ; je l'ai traité de fou ; il est resté deux
cent seize heures à la Force ; comme il m'a
pardonné dès le lendemain, je pourrois dans
ma confession n'en pas parler du tout.—Que
diable aussi avoir eu raison contre S. A. S.
Mgr l'Archichancelier, et cela plus de deux

(14)

mois d'avance! allons, je le dirai pour ne
pas l'oublier, mais cette iniquité que j'ai
commise envers un philosophe est à peine
une goutte d'eau....

Mais.... voici, voici, oh! voici un énorme
crime que j'ai bien réellement à me re-
procher. — Mais comment pourrai-je m'en
accuser? Le saint orateur picard, passe....
l'homme vénéré dans la rue Saint-Martin,
et sa longue détention, bagatelle.... L'ora-
teur-prophète.... ses deux cent seize heures
de gémissemens, goutte de rosée.... Mais à
moi! à mon secours! vous tous géants du
crime! Oh! chers conventionnels, par quelles
paroles et par quelles larmes pourrai-je ex-
primer, expier, effacer cette iniquité-là?....
Ils sont plusieurs.... je les ai bien comptés;
les voici!

Allons; le supérieur, — les professeurs,
— les séminaristes de Gand, de Louvain....
en masse, en prison! Voilà où je ne m'y
connois pas; voilà un crime A LA CONVEN-
TION NATIONALE!

Pour ces éminences que j'ai envoyées à la Force, à Vincennes ou dans l'exil.... de quoi se plaindroient ces prélats ? — Sous le règne de mon maître, il n'a jamais été permis de vivre en saint. — Je les en avois bien avertis : la désobéissance est un crime!....

Sans doute, si tous les hommes se donnoient le mot d'ordre, s'ils s'entendoient parfaitement entre eux, si la *sainteté* devenoit à la mode, si la religion étoit suivie, si Dieu étoit adoré, si la vertu devenoit la règle et la loi, il n'y auroit plus besoin de tribunaux, il ne faudroit plus de police. — Donc, les saints ne peuvent être que des conspirateurs. Oh ! pour cette fois ma conscience me donne la paix.... Oui, certes, la sainteté est une conspiration ; c'est une insurrection contre les vices, contre le jeu, contre l'avarice, contre la colère, etc., etc. : elle donne à l'homme une intérieure et sainte dignité.... Conspiration ! conspiration !

Quant au souverain pontife, quant à

S. M. Charles IV, ainsi que de la détention des princes de la dynastie des Bourbons en Espagne, c'est un PÉCHÉ IMPÉRIAL ; à mon maître seul en doit appartenir tout l'odieux ; c'est une iniquité plus grande et bien plus étendue que ne pourra jamais l'être, en grandeur et en immensité, toute sa gloire militaire ; moi!.... je n'en suis que le *semi-complice* ; et si cet attentat, si cette iniquité pèse dans les balances de la suprême justice bien plus que les destinées de la dynastie napoléonienne, si ce forfait atroce, dont le volume et l'immense atrocité a suffi pour armer tous les rois et pour réunir tous les peuples, si les prières du pape ont coulé en présence et dans le sein de Dieu, si la plainte de Charles IV, de Ferdinand VII et des princes espagnols a été répétée à Londres, à Pétersbourg, à Vienne, à Stockholm et à Naples, c'est que la voix de l'infortune, qui s'élève avec celle de l'innocence, avec les gémissemens de plusieurs nations et les pleurs de plusieurs peuples, forme, sous les yeux du Très-Haut un concert de prières, un hymne d'actions en plaintes, et que la voix de l'homme juste, la prière d'un saint pontife, alors qu'elles ne sont ni écoutées ni respectées sur la terre, crient jusqu'au ciel....

Pour ce crime, véritablement celui de mon maître, et le sien personnel, je ne puis m'en trouver coupable que pour un simple QUARANTE-QUATRE MILLIONIÈME. Mais que dis-je ? Eh ! devant qui parlé-je ? J'avois ma voix dans le conseil d'état ; mon devoir étoit de lui exposer, de lui dire la vérité. Oh ! il n'y a point de doute, celui-là qui, étant placé sur le sommet de la montagne, voit distincte-ment, quoique de bien loin, se grossir, s'a-monceler les vagues de la mer d'iniquité.... celui qui, pouvant et devant en détourner la vague, a gardé un coupable et stupide si-lence.... celui qui, autant que moi, a en-tendu les Espagnols, a entendu encore les cris des nations.... Dieu ! que je suis un grand coupable Oui, si les crimes, si les attentats, si les forfaits qui ont été commis sous le règne de Napoléon ne peuvent être comparés qu'à un GANGE D'INIQUITÉ, oui, les iniquités qui me sont *propres* sont quelque chose de semblable à un torrent!....

Mais aussi comment aurois-je pu résister à ce doux charme inséparable du pouvoir? Celui-là à qui tout est devenu possible n'est-il pas tenté de se laisser persuader que tout lui est permis?

L'opinion, cette vive lumière qui devroit luire pour les gouvernemens et qui est à la sagesse comme une seconde sagesse qui lui sert de guide, l'opinion a été opprimée et comprimée par moi.

MM. Etienne, Lacretelle, etc. etc., n'étoient-ils pas devenus les phares qui la suppléoient admirablement pour le plus grand *mieux être* de notre autorité illimitée? Etienne n'étoit-il pas lui seul une aurore boréale? Il geloit, mais il éclairoit; et ces lumières à la glace nous avoient, à mon maître, à S. A. S. et à moi, aussi semblé bien plus douces et bien plus assorties au caractère des Français régénérés par nous dans une mer de sang, que toutes ces lumières *dites de la philosophie*, lumières trop vives qui embrasent les cœurs et qui les dessèchent.

Ainsi l'opinion publique a dû être soumise à M. Etienne, excellent juge, grand maître dans l'art de la servitude, hiérophante dans le temple consacré au silence, et seul et véritable juge de l'admiration et des respects de la postérité. Et d'ailleurs, si on interroge le savant et judicieux Desquiron de Saint - Aignan, il affirmera, sur son honneur, que ce M. Etienne n'étoit pas un auteur sans mérite; il avoit exploré *Conaxa* et nous l'avoit donné *à sa manière*.

Sous mon administration il n'étoit permis à personne d'avoir de l'esprit sans la permission de la police, et cela étoit parfaitement conforme à nos principes.

Il me semble que c'étoit hier; vouloit-on jouer une pièce du grand Corneille, M.

Etienne, en sa qualité de *vice-visir* de l'o-
pinion publique, ordonnoit aux acteurs des
omissions et des suppressions; un homme
d'un génie supérieur vouloit-il publier un
ouvrage, *le Chant du Crime*, par exemple,
on lui ordonnoit le *tacet*, et notre immor-
tel, *dans la postérité*, étoit condamné par
la censure à expirer de misère et de faim.
Ce système, véritablement digne d'Omar,
étoit en harmonie avec la volonté suprême
de Napoléon-le-Grand; car, il est temps que
je le dise, il étoit si fort jaloux de toute espèce de grandeur et de célébrité, que si M.
Etienne l'avoit averti que D..., ou un autre
avocat plaidant, eût forcé le public à le
suivre pour l'écouter et pour l'admirer, la
parole lui auroit été interdite aussitôt.

Avant moi la haute police ne frappoit
qu'avec du coton; les verroux pouvoient
être graissés. Grâce à mon inflexible cœur,
on a vu les verroux se rouiller sur mes victimes : l'or, l'or même ne me trouvoit jamais
facile. Un Anglo - Américain, riche de

3oo,ooo liv. sterling, n'a point obtenu justice sous mon ministère ; s'il n'a jamais bien connu le motif de sa détention, la cause en est due toute entière à M. Desmarets, qui ne la savoit pas lui-même.

A travers ce long et obscur dédale de crimes, d'injustices et d'iniquités, je distingue parmi les prisonniers d'état les deux héros de l'amour fraternel, Armand et Jules de Polignac. Si vous me demandez quel fut leur crime ? Ils aimoient Dieu, leur roi, la patrie et l'honneur !...

Ce prisonnier est un Suédois ; cet autre est un Espagnol ; nous étions en guerre avec la Suède et avec l'Espagne, et nous les avons incarcérés ; et, je l'avoue, si Jenner, l'inventeur de la vaccine, et, à cause de cette découverte, le bienfaiteur de l'espèce humaine, si ce sage se fût hasardé de venir en France, je n'aurois pas répondu de sa liberté à Paris.

Quel fut le crime de madame la baronne de Staël ? Elle avoit du génie !.....

Quelle fut là cause du silence imposé à M. l'abbé Frescinoux? il faisoit du bruit, sa sagesse et sa réputation commençoient à se répandre, il lui fut ordonné de ne plus prêcher; —. M. Fournier étoit devenu la voix du ciel, on l'envoya, éteint sous une mitre, à Montpellier.

Vous parlerai-je de la conscription? J'étois, par ma place, *ingénieur né* de ce fleuve de sang, et j'ai dû veiller à ce qu'il ne puisse jamais tarir.

Les douanes, les droits réunis, étoient également compris dans mes attributions ; et, pour un pain de sucre *introduit* en contrebande, on étoit condamné à l'enfer des galères.

Certes, l'autorité de Satan sur ses anges de ténèbres n'a jamais été qu'une autorité toute paternelle, si on vient à la comparer avec mon satanisme.

J'en ai envoyé en prison pour avoir pleuré; — d'autres pour avoir osé rire ; eh ! qui peut douter un seul instant que, dans un état sagement gouverné, tel que l'a été, sous le règne de mon maître , l'*Enfer françois*, il ne soit nécessaire, et même absolument indispensable que personne n'y puisse impunément oser rire, ou se permettre de pleurer, sans en avoir préalablement obtenu la permission ?

Les poëtes ne pouvoient, ne devoient avoir du génie, faire des vers, que pour Napoléon, à peine de mourir de faim, pour la première fois, et pour la seconde, à peine de prison ou d'exil. — Le célèbre Delille a gardé un silence opiniâtre sur Napoléon, il n'a été ni chevalier, ni comblé d'honneurs ; il est vrai qu'à l'égard de M. Delille, le ciel lui avoit tout accordé ; or, ainsi que l'a dit un sage de nos jours, il n'avoit aucunement besoin des honneurs accordés à la cour du tyran.....

Mais, voici, les larmes du repentir me privent de la voix ; je me roule dans ma honte, et je m'humilie dans mon iniquité ; — je vous supplie, ô vous tous qui lirez ces lignes, de m'accorder une part dans vos prières.

Eh! qui, après mon souverain et mon maître, eut autant, et plus que moi, besoin de vos bontés, de votre indulgence, de votre pitié et de votre intercession en ma faveur auprès de Dieu?

Oh! qu'il me soit permis, qu'il me soit accordé de vous en supplier!

Je dois l'avouer, j'ai été un tyran impitoyable, un ministre sans entrailles.

Et si, lors du procès intenté à MM. Mallet, Lahorie. etc., etc., je leur ai fait ôter les lumières, le papier et l'encre, dans leur prison, à l'Abbaye, si ces ex-généraux ont été couchés, comme de vils assassins, sur de la paille, dans les corridors de mes bureaux; si, sans aucun respect pour l'humanité, ces accusés ont eu les mains et les pieds liés avec des cordes très-serrées qui leur ont coupé les poignets et les jambes; si ces hommes, mes supérieurs pour leurs talens, pour leur

génie et pour leur éducation, autant que par
leur courage, ont été jugés par un tribunal
sans auditoire (les auditeurs avoient tous
été de mon choix, c'étoient mon cuisinier,
mon épicier, mon cocher et mon laquais);
si la commission militaire chargée d'ins-
truire dans leur affaire a tenu ses séances
à *minuit;* si le lieu de ses séances a été environné de militaires au nombre de trois ou
quatre mille hommes; s'ils ont eu pour con-
signes de ne laisser pénétrer personne; —
si ces douze accusés ne se sont présentés
devant leurs juges qu'avec l'effroi que donne
nécessairement à des accusés un tribunal
sans auditoire, et que l'on avoit privés de leurs
défenseurs; si, par ordre d'une altesse, alors
très-orgueilleuse et très-injuste, mais aujourd'hui, ainsi que moi, très-humiliée et
très-repentante, les accusés Mallet, Lahorie, etc., etc., ont été foulés sous les pieds
des gendarmes, puis opprimés à l'excès
dans les prisons de l'Abbaye, puis jugés aux
flambeaux par des juges *sans lumières* (car

personne ne niera, 1° que les lumières, pour les juges, ne peuvent leur être présentées que par les accusés, en présence d'un auditoire libre et nombreux; 2° que leurs lumières sont celles qu'ils reçoivent de leurs défenseurs, et 3° que si la nuit porte conseil, la lumière du grand jour, à midi, ne soit, et pour les juges ayant un auditoire, et pour les accusés ayant des défenseurs, comme un bienfait voulu par l'équité, approuvé par la justice et désiré par tous les amis de l'humanité.....). Oh! je vous en supplie, et je vous en conjure, vous tous, Français ou étrangers qui parcourez cet examen de conscience d'un ministre qui fut pendant si long-temps hautain, orgueilleux, et inaccessible à la pitié, je vous en supplie avec larmes, ne permettez pas que je puisse être traité ainsi que l'ont été Lahorie et ses amis; — ne permettez pas non plus que je sois jugé à la lumière des flambeaux, ainsi que l'a été le duc d'Enghien; ne permettez pas que je sois étranglé comme le général Pichegru;

ne permettez pas non plus que je sois jugé sans être défendu, sans pouvoir être entendu : donnez des larmes à mes crimes, ayez pitié de moi, oh! ayez pitié de moi!

Maintenant, ô ma conscience! me donneras-tu la paix? Le doux sourire de la bonne conscience reviendra-t-il sur mes lèvres? me sera-t-il permis de verser des larmes de plaisir comme il m'étoit arrivé.... il y a bien long-temps?

Que dis-je? le repentir n'est pas encore dans mon antichambre; il y seroit, qu'il seroit encore bien éloigné de mon cœur!.... Ce que je regrette, c'est ma place!... Ce qui m'épouvante, c'est la crainte, c'est la frayeur des châtimens célestes! les ai-je mérités?

Oui, il faut que je l'avoue; oui, j'ai repoussé, j'ai méprisé les pleurs de ces mères de famille, qui ayant appris que leurs fils, enrôlés malgré eux dans la garde d'honneur, avoient été mis en prison à Paris, étoient accourues de deux cents lieues pour implorer ma clémence et fléchir ma justice. Hélas puis-je les oublier ! Non-seulement j'ai été invisible pour ces dames ; non - seulement j'ai insulté à leur malheur, mais encore il s'en est trouvé, les femmes ne sont pas souffrantes, que j'ai été forcé de menacer *des Madelonnettes.*

Il n'y a que moi, moi seul (mon prédé-cesseur s'étoit avisé de se faire honorer, estimer, plaindre dans l'exercice toujours difficile et souvent trop ingrat de son minis-tère ; il l'a administré pendant dix ans ; c'étoit un homme au-dessus de sa place : ce duc d'Otrante s'étoit avisé d'avoir *du génie ;* il faisoit de l'humanité); non, avant moi, la police avoit encore des formes ; il y avoit des délais, des interrogatoires, des rapports sur tous les détenus, sur toutes les affaires ; j'en ai ordonné autrement. — En prison ! Mais, se tuoit-on de me dire, tel prison-nier d'état, M. E., par exemple, n'est pas coupable, et il y a vingt-six mois que M. E. est en prison. — Je vous ai dit que son affaire ne me regarde point ; le débat sera plus tard , devant un tribunal , entre Masséna et M. E.

Dirai-je ici ce qui me poigne , ce qui fait ma torture? Dirai-je ce qui me cause, dès cette vie, une inexprimable angoisse ? Mon cœur a été desséché ; la rouille des fers , la rouille des verroux a gagné mes os ; je souffre le jour et je souffre la nuit ; l'air que je respire est encore chargé de plaintes et de sanglots ; il retentit de soupirs et de malédictions ; je vis pour gémir, aujourd'hui , demain , toujours. . . .

Hélas ! si parmi les ministres qui ont été nommés par Napoléon il s'en étoit rencontré un second tel que moi, il seroit tombé plusieurs années auparavant. — Certes, si le devoir d'un ministre de la police est essentiellement de faire *tout* pour consolider le gouvernement ; si son premier devoir doit être de le faire aimer, honorer et chérir ; si les gouvernemens ne peuvent se maintenir qu'en régnant avec la justice et par les conseils de l'équité ; si le respect des peuples est le seul salaire que les ministres doivent envier ; si leur attachement à leur prince doit être toujours subordonné à leur respect pour la constitution , pour les lois et pour l'humanité ; si être juste est le contrepoids d'une autorité extraordinaire et illimitée ; si les peuples ont plus de besoin de la sagesse du gouvernement que du manger et que du sommeil ; si les ministres, dans un état bien et sagement gouverné , sont les anges, ou si l'on veut les génies conservateurs des empires ; — si le ministre de la police n'est autre chose (mon prédécesseur l'a prouvé) qu'une surveillance active placée par le souverain , et ne ressortissant que de son cœur ; si cette surveillance n'a pour objet et ne doit avoir pour objet que de *dépersuader le crime* , et de le déjouer avant qu'il ait réalisé ses projets ; si la police n'est que la providence des lois et l'avant-garde de la société civile ; — si ce ministère n'est réellement qu'un ministère

de prudence, de conseil, de terreurs sourdes,
mais quelquefois nécessaires; si la prison
n'est pas une mesure rare, toujours de peu
de durée et jamais arbitraire; si cette autorité n'a de limites que celles que lui donne
le génie, je dois ici en faire l'aveu, je n'étois
pas l'homme de cette place.

Privé des lumières que le génie accorde
à qui bon lui semble, ayant peu de savoir,
ne connoissant bien, très-bien, que l'art de
m'avancer à l'armée, j'ai dû faire au ministère de la police, et j'ai réellement fait beaucoup de mal. — Mon sabre n'étoit pas une
bibliothèque; il n'étoit pas même un code
d'équité !

Que de nuits j'ai passées sans pouvoir dormir !... Je défie à mes pareils,.... (les
Bourbons les enverroient à Bicêtre ou à
Charenton), je leur défie de faire *mieux*
que moi autant de mal que j'en ai fait ou
ordonné; nous errions, mais sans guide,
dans la nuit des lois; je crois m'en être
déjà accusé ici, je le dirai encore, pourrois-je le dire assez et assez haut? Sous le

règne de mon maître, les lois étoient toutes sous le marchepied du trône. Le maire d'Anvers ayant été acquitté à Bruxelles, il fut ordonné que ce respectable magistrat seroit réincarcéré et jugé à Rouen.

Dans le palais de Justice, la nuit avoit épaissi ses ténèbres; dans mes bureaux, il y avoit une émulation excessive entre M. Étienne et M. Lacretelle pour éteindre les lumières; par eux l'opinion étoit façonnée dès la veille à minuit.... Arrivoit-il quelque événement, la garde, la gendarmerie et mes 7000 porte-menottes m'avertissoient; je faisois gronder, comme un tonnerre, les verroux sur plusieurs têtes, et je n'obtenois l'ordre qu'à force de *terreur !* Qu'il avoit de génie, M. Étienne ! Mon esprit étonné trembloit en sa présence ! Ce pauvre Lacretelle, il suoit, il suoit, et pourquoi faire? Il vouloit se perpétuer dans ses places : il étoit censeur, il étoit grand O...! il étoit mon phare, il savoit mieux qu'âme vivante semer la nuit, créer l'obscur et démentir le soleil..... Admirable pour un tyran, homme précieux pour un maître absolu, il n'étoit égalé que par le coloriste ingénieux de Conaxa.

Hélas ! c'est à force d'épaissir les ténèbres, à force de mensonges, de perfidie et de dissimulation que je suis parvenu à faire maudir, à faire exécrer mon administration ; les jeux me prodiguoient l'or ; les filles me donnoient un tribut ; les spectacles et les cafés m'aidoient à interroger l'opinion ; cela dura peu, les Parisiens ont plus que de l'esprit, ils ont une finesse, un tact.... Combien de fois leur prudence a déjoué toutes mes mesures ? Il y a pour les grandes cités, et particulièrement pour les capitales, un certain langage ; il est dans le regard, dans le silence, dans le geste ; il est dans la mode, dans la couleur du mouchoir, ou dans la manière de présenter, ou de prendre du tabac ; ces gens de capitales ont un sentiment, une fierté, un aplomb ; ils ont, ce me semble, l'habitude de la souveraine puissance de l'opinion...... Que de fois j'ai échoué avec mes porte-menottes et mes observateurs!

Le dirai-je ? j'avois réduit Paris au silence, c'étoit un silence de mort!...... Mais, si les paroles étoient étouffées, si les penseurs ne se communiquoient qu'avec des précautions infinies, le silence morne et universel qui régnoit à Paris n'avoit-il rien d'effrayant? J'ignore comment se passent les choses à Copenhague et ailleurs ; mais je crois devoir avertir les gouvernemens que le sommeil du lion doit être toujours respecté.

Un ami vient à l'instant de me raconter que, chez la fille de Fitz-James, un officier russe a donné une pièce d'or au grimacier qui, dans ce café, est chargé de divertir les curieux ; il a ajouté que cet officier lui a enseigné les figures, les contorsions et les grimaces que fit mon maître à Moscou, et en se sauvant de cette mère des villes; ce que le grimacier s'est efforcé de répéter de son mieux.

Je serois bien malheureux si le grimacier

de Fitz-James avoit le secret d'imiter ma figure en prison à la Force, et celui de me singer quand nous éprouvions des revers affreux. Quel succès il obtiendroit aux yeux des Parisiens avides, s'il savoit me représenter fidèlement et tel que m'ont vu mes amis, mes affidés dans les grands jours de nos malheurs !

Car, il faut ici que je l'avoue, la manufacture de victoires, telle que je l'avois organisée dans mes bureaux de la police générale, n'a jamais obtenu de confiance; et, toutes les fois que l'on annonçoit un *Te Deum*, les Parisiens disoient : *On va faire encore une levée !*

Il y avoit néanmoins quelque chose de bien extraordinaire dans ce vaste et immense système de blocus continental et dans celui de conquête et d'envahissement ;..... mais, où s'égare ma conscience ! Il ne s'agit plus de toutes ces choses, il s'agit de mon repentir; ni les Français, ni les Parisiens n'y croiront ; un ministre de la police qui veut

passer pour honnête homme, après s'être
avili sous le tyran le plus odieux, ne sera
toujours à leurs yeux qu'un misérable. Eh
bien! je veux démentir cette opinion ; je
veux expier mes fautes ;....... Les expier!
cela m'est impossible! l'or qui repose dans
mon coffre-fort est humecté des pleurs de
l'orphelin, il est mouillé des larmes des
veuves ; il est souillé du sang de ces victimes qui ont succombé à Grenelle, à Vincennes, et dans un si grand nombre de lieux;
si mes gens n'étoient pas aussi largement ré-
tribués, ils me fuiroient ; le crime a son infection, elle est pestilentielle et cadavéreuse.
Oh! que je suis un grand coupable!

Si, pour ma justification, je disois à un
public, justement, indigné que mon maître
étoit d'une violence, d'une violence.... On
me répond : — Vous pouviez lui offrir votre
démission ; — il n'en acceptoit pas ; — on
la lui fait remettre, et l'on se dérobe par la
fuite ;—mais, où fuir?... Oh! misérable que
je suis! c'est à présent que je me dis avec

regret, où fuir !... La honte m'a précédé dans toutes les villes , et jusque dans les hameaux les plus écartés.... Que de bien j'aurois pu faire ! que de maux j'aurois dû prévoir !... Que de larmes je pouvois tarir ou faire essuyer !... Il ne me reste que l'ef-froi... Mon or est lourd d'ignominie ; ma richesse est honteuse, et si je pouvois pa-roître sans répandre d'abondantes, d'inta-rissables larmes, je ne mériterois ni pitié, ni respect.... Où fuir ! où me cacher ! Les cimetières ont servi de faubourgs aux prisons d'état ; les gendarmes m'ont en horreur ; plus étendues dans leurs ravages que les déborde-mens du Gange, mes iniquités ont couvert la France ; elles se sont étendues sur l'Es-pagne, mon nom y est en horreur... Elles sont connues dans l'Europe.... Il n'y a sur la terre de plus coupable que moi que mon auguste souverain, et si ma conscience, ce lac impur eût manqué à sa tyrannie, elle eût cessé beaucoup plus tôt, elle eût été moins cruelle, moins acerbe, et moins atroce. —

Personne au monde plus que moi ne peut savoir ce que c'est qu'une autorité tyrannique et arbitraire; je l'avois délimitée outre mesure; j'ai brisé toutes les résistances, j'ai méprisé toutes les lois, même celles de la simple bienséance ; car j'avois dans toutes les prisons d'état des *fouilleuses* qui se permettoient ce que bon leur sembloit envers les dames.

Il n'a manqué pour le perfectionnement de ma police qu'un MENTAMÈTRE, ce que M. Etienne auroit désigné sous le nom de PÈSE-PENSÉE. Cet ingénieux instrument m'auroit aidé puissamment; je le souhaite à mon successeur. —

Qu'il sera heureux, mon successeur! il n'aura de fonctions à remplir que celles qui seront avouées par l'équité.

Il n'aura pas à louvoyer, ainsi que je l'ai fait, entre les îles du caprice, de la fortune, de la fureur, de la rage, de l'emportement, et sur des courans ou sur des récifs; le vent impétueux de l'ambition ne soufflera jamais dans ses voiles; il ne sera pas réduit à la cruelle nécessité de faire jeter des *passagers à la mer* (1) pour alléger son navire; il n'aura ni insurrections, ni soulèvemens, ni tumultes à apaiser : semblable à un vaisseau qui navigue sur une mer calme, le gouvernement de Louis-*le-Désiré* continuera sa route par un bon vent; il voguera à pleines voiles sur un océan sans tempêtes....... Les lois, devenues enfin des fleuves de justice et de paix, seront obéies, révérées et bénies.

Qu'il sera heureux, mon successeur! Peut-être on me permettra de le dire? Peut-être il y a dans le cœur de certains hommes un *ferment amer* qui se change en un germe fécond d'orgueil, d'avarice et d'ambition. Le vent *harmattan* (vent qui souffle en Afrique et qui guérit *spontanément* toutes les infirmités, etc.) *des révolutions* (que cette figure me soit ici permise!......) venant à souffler

____

(1) Allusion aux fusillades nocturnes ordonnées à Vincennes, à Grenelle, etc., etc., etc.

avec violence sur ces germes qui étoient comme endormis au fond des cœurs, fait éclore et fait agrandir pour la vertu, ou pour le crime, tous ces germes.....

On a vu tel homme qui, dans une condition privée, n'y avoit été connu que pour un honnête homme, un bon ami, un excellent père de famille; si vous le placez tout à coup sur le sommet escarpé des grandeurs, cet homme y paroît tout autre que vous ne l'aviez connu auparavant. Sa bassesse devient de l'orgueil, son économie y devient avarice; ce que l'on avoit regardé comme un pur sentiment d'émulation s'y change en une excessive et infatigable ambition!........ Combien de gens en France n'ont effrayé l'Europe du long cours de leurs crimes que par la seule raison qu'ils se sont laissé aller au torrent?.....

J. J. Rousseau a dit quelque part qu'il n'est pas toujours facile d'être un honnête homme.

Si quelque chose, dans la circonstance

véritablement cruelle sous laquelle je gémis, devoit plaider en ma faveur, je dirois : Né dans une condition moyenne, ayant reçu une éducation seulement militaire, peu assortie à la place éminente dans laquelle j'ai épouvanté mes amis et exercé un pouvoir si odieux, je crois pouvoir l'annoncer à mes juges et à mes contemporains : « il faut une
« force plus qu'ordinaire, il faut tout l'em-
« pire de la vertu, tout le génie de la piété,
« et tout l'ascendant de la religion pour ga-
« rantir un homme en place contre cette
« influence si forte, si entraînante et si puis-
« sante que les circonstances (si nouvelles
« pour tant d'hommes!) exercent sur son
« cœur et sur son esprit. Si vous vous laissez
« entraîner une seule fois au bord du tor-
« rent; si vous puisez dans les eaux du fleuve
« de séduction, vous en serez enivré. Vous
« désirerez sans cesse; l'or vous trouvera in-
« satiable; une femme, quelle que soit sa
« sagesse, vous paroîtra une fleur qu'il n'ap-
« partient qu'à vous de cueillir et de flétrir!

« La vertu sera à vos yeux un mot, une pure
« chimère. L'équité, un rêve; la sagesse,
« une foible et impuissante amie. Le délire
« et l'ivresse où vous voyez ces hommes,
« éclos d'hier, et portés par la vague impé-
« tueuse des révolutions sur les hauteurs de
« l'autorité et des grandeurs, leur ivresse
« changée en rage, croissant toujours d'en-
« core en encore, et sans cesse, leur affreux
« délire étonne, effraie et pèse sur les na-
« tions et sur l'univers!......

Mais ô douleur! ô honte! ô regrets! m'ap-
partient-il, à moi qui fus pendant si long-
temps le tyran et l'oppresseur du génie et de
la pensée, peut-il m'appartenir de sonder
l'abîme du cœur de l'homme?

Mon cœur n'étoit-il donc, dans son premier germe, que de l'espèce de ces champignons qui donnent la mort?... Vous le
savez, vous l'avez vu, et avec quel sentiment
d'effroi mon germe a tout à coup pris la
force des chênes et la hauteur des plus hauts
cèdres?

Les émules de Linnée, les Jussieu, les André Michaud, et leurs savans élèves, seront eux-mêmes effrayés de la comparaison à laquelle l'excès de mes remords me contraint de recourir.... Hélas! ce cœur si peu connu avant mon élévation au ministère, et que je viens de comparer à ces champignons qui donnent une mort violente, oui, ce cœur, ou si vous voulez le germe qui m'a couvert d'ignominie, ressemble à cet arbre maudit en Amérique, il a pris la force et l'influence maligne du mancenillier.... Quelques-uns de mes amis voudroient que je lui donne le nom de *Buon-huppa*, ARBRE-POISON, qui croît dans l'île de Java; sa sève, ses feuilles, son fruit et son ombre donnent la mort; il étend ses ravages auprès, au loin, et dans une étendue effrayante; il frappe la terre de stérilité; les oiseaux dans l'air jettent un cri, et ils expirent!...

Tel je fus, tel je parus au ministère de la police générale.

Mais le gouvernement de mon maître ne

pouvoit-il pas être comparé à une forêt qui n'auroit été plantée que de mancenilliers et de buon-huppas?

Enfin la hache des révolutions a été brisée; les torches de la guerre civile sont éteintes; les poignards du despotisme sont émoussés, et ils ont également été brisés; enfin, grâces au retour de cette dynastie contre laquelle j'ai opposé des efforts, si heureusement pour la France devenus impuissans, le roi a fait succéder le calme à la tempête, et la paix des lois à la guerre sourde de la tyrannie; LE PARDON me voit courbé sous son joug protecteur! C'est à deux genoux que je l'implore, et si l'abondance de mes larmes pouvoit être un seul instant de quelque mérite en ma faveur, je fléchirois un jour peut-être l'inflexible rigueur de ceux qui me haïssent!..

Oh! qu'il est cruel pour un homme dévoré par l'ambition de se voir arracher à tout ce qui lui étoit devenu si cher!

Un auteur moderne a comparé les révolutions des Empires à ces grands tremble-

mens de terre qui changent et qui renou-
vellent la face de la terre. Dans un de ses
ouvrages, le même auteur a dit : Les révolutions des Empires ! Qu'est-ce autre chose ?
sinon un peuple entier donné par l'Éternel
en spectacle à la terre ! . . .

Ces images sont grandes sans doute, et je
les admire ; mais je dirai plus simplement,
après ce que nous avons vu, que pas encore
l'esprit humain n'avoit reçu une secousse
aussi grande, une leçon de sagesse aussi étonnante, et des exemples aussi prodigieux de
cette sagesse divine qui se joue des vanités
humaines, qui rompt pour un temps la
chaîne des destinées ; nous avons vu ce que
peut le Dieu éternel qui dit aux rois : descen-
dez du trône, et qui, après un long exil, les
a rappelés, et leur a rendu le sceptre et l'empire ! . . .

O mes concitoyens ! Français, êtes-vous
enfin détrompés des illusions dont on vous a
si long-temps enivrés ? vous laisserez-vous
encore séduire ?

N'en doutons pas, il n'y a pour les peuples civilisés, et il ne peut y avoir qu'un *mezzo termine* de bonheur ; tout ce qui est au-delà appartient à l'empire odieux des chimères. Ne désirons que le règne de la justice. Si le gouvernement, ce qu'à Dieu ne plaise, se laissoit jamais aller vers des mesures violentes.... Que des remontrances humbles, mais fortes, seulement par l'amour et par la soumission de ceux qui les auront rédigées, *jamais publiques*, et par cette raison toujours confidentielles de la part des sages envers nos rois légitimes ; que de secrètes remontrances soient, dans l'avenir, la seule voie dont on se servira pour avertir les souverains !.....

Nous l'avons vu ! Si les révolutions sont toutes puissantes, c'est toujours contre les peuples ; si elles renversent les trônes, ce n'est que pour un temps, ce temps dure peu ; mais le règne des révolutions est toujours celui de l'anarchie, sa puissance si terrible et si grande n'offre à l'observateur attentif qu'un long et continuel orage.

Ô France ! ô ma patrie ! que tes malheurs ont été grands !.....

Qui l'auroit dit, il y a vingt-un ans, que le sang royal que l'on avoit osé répandre devoit, pour un si grand peuple, se changer en une mer de larmes ; qu'il en jailliroit plusieurs sources de sang; que la plainte, non écoutée, non respectée, qui avoit été élancée par Louis XVI vers les cieux, se changeroit pour tout son peuple en une longue et continuelle plainte ?

Un sage (1) nous l'a dit : Arbitres des hommes, craignez, ah ! craignez d'exciter les plaintes des malheureux ! elles parcourent la terre ; elles traversent les mers ; elles pénètrent dans les cieux ; il suffit d'un soupir de l'innocence opprimée pour ébranler le monde !.....

Français ! votre roi a-t-il été opprimé ?

Il m'a été dit, dans la retraite obscure où j'ai enseveli toute ma renommée, il m'a été

____

(1) Saady.

répété que la France obtiendroit du roi le bienfait d'une sage constitution.

Si dans cette constitution on y trouvoit un tribunal de grands censeurs, quel immense bienfait!

La fonction suprême du tribunal des grands censeurs seroit de connoître, tous les ans, de la conduite de tous les ministres nommés par le roi, il les continueroit par son *silence*, et, dans le cas contraire, il supplieroit le roi, et en secret, de les éloigner et de les changer.

Le ministre de la police devroit peut-être de trois mois en trois mois rendre compte de sa conduite devant le tribunal des grands censeurs.

Si un tel tribunal avoit été établi, je ne serois pas l'homme atroce qui a épouvanté la terre.

Alors il n'y auroit plus de fusillades exécutées pendant la nuit.

Il n'y auroit plus de prisonniers d'état, par

milliers, ensevelis vivans à Sainte-Pélagie, à Vincennes, etc., etc.

L'homme qui a toujours des verroux dans ses poches, et des fers sous son bureau, regarderoit à deux fois avant de s'en servir.

Un particulier s'étant avisé de dire, au Palais-Royal, en regardant à sa droite, et en fixant celui de qui il vouloit parler : VOILA UN TISON DE SODOME ! a été mis en prison.

Les grands censeurs l'en auroient fait sortir.

Un riche particulier de Lille, M. LANCEL, homme très-honorable, réclamoit sur la succession du général Le Clerc une somme de huit à neuf cent mille francs ; il y avoit plus que pour le payer (les trésors de madame Le Clerc, à son retour de Saint-Domingue, ont été évalués de seize à vingt millions de francs...). Le pauvre Lancel a eu tort ; il a publié un mémoire ; il en a été puni par une détention de plus de deux ans à la Force ; il n'en est sorti qu'après avoir promis de ne plus sonner mot de sa créance sur madame Le Clerc.

Les grands censeurs l'auroient protégé contre le chef de l'empire.

Il me semble que je me consolerois, si le hargneux préfet de police qui a précédé M. le baron Pasquier dans cette place véritablement délicate et souvent très-difficile à remplir, et son inspecteur général Vérat qui le dirigeoit, étoient tous les deux obligés de publier leur examen de conscience; qu'ils ont fait de mal !

Le nombre et la qualité très-éminente des personnes qui ont été plongées dans les prisons d'état sous mon *long* ministère offrira *un jour* une suite de noms illustres.

Grands ! il n'y a point de ténèbres pour vous !

Parlerai-je ici des ordres *plus que sévères* émanés de mon autorité, pour inquiéter, séduire, cajoler, opprimer, et tourmenter MM. les évêques de Gand, de Troyes, et LL. EE. les cardinaux ?

J'en ai déjà dit tout ce que la violence de ma douleur m'a forcé de révéler.

Si le souverain pontife a été opprimé, ce n'a été qu'en vertu d'ordres *écrits* et *signés* de la propre main de mon maître.

Si S. M. la reine d'Etrurie a été enfermée à Rome dans un couvent, et si le roi son fils a été chagriné, malgré la tendresse de son âge, ces ordres ne sont pas de mon *seul fait*, j'ai obéi.

Mais ce que les *grands censeurs* n'auroient jamais voulu permettre, et ce que Louis XVIII ne permettra jamais sous son règne, ce sont les violences, ce sont les rigueurs, ce sont les outrages et les mauvais traitemens et les tortures que l'on a, *par et en vertu des ordres* de S. A. S. *prodigués* à des condamnés.

Dans ma place, il auroit fallu amollir son cœur; il seroit encore bien nécessaire de *dénoircir* l'horreur et les *avant-momens* de la dernière heure.

Hélas ! que je serois à plaindre, si je devois *seulement* mettre le bord des lèvres sur le calice d'amertume dont on a empoisonné certaines victimes pendant les heures si cruelles qui ont suivi le moment de leur arrestation. On a été, à leur égard, *ultra féroce.*

Eh bien ! malgré tant de violences et tant de rigueurs, on a étendu, on a continué leur supplice par la détention de leurs épouses, et par l'emprisonnement de la couturière, de la blanchisseuse, du cordonnier, etc., etc., qui avoient connu, parlé ou servi à ces dames.

Assurément, les grands censeurs n'auroient jamais souffert *cette perpétuité dans la fureur.*

Il y avoit dans le château de Vincennes quinze femmes ; elles y sont demeurées, séparées l'une de l'autre ; elles y ont gémi *sous les verroux* pendant près de vingt-neuf mois : le canon des Russes a fait tomber leurs fers. — Parmi ces dames, il y avoit une princesse polonoise : son crime a été, de ne pas aimer le gouvernement. Madame

Mallet s'y trouvoit : je dois faire les noms des autres victimes.

Ma mémoire se seroit-elle armée contre moi ? Il me semble que toutes mes iniquités prennent un corps, une âme, une voix. Eloignons-nous ; car si j'étois dans une galerie de tableaux, mon souffle, devenu corrosif et impur, en infecteroit l'atmosphère ; et si Dieu permettoit que mes iniquités ministérielles.... Dieu ! tout Paris en a parlé ; la France les connoît, et les a en horreur.

Oh ! s'il m'étoit accordé de me jeter aux pieds du roi, et si, dans cette posture (la seule qu'il me soit permis d'avoir en sa présence), il pouvoit m'être accordé la permission de lui donner des conseils, je lui dirois, mais tout bas, et avec le plus profond respect : Sire, les censeurs ont apposé leur *veto* sur un ouvrage ayant pour titre : Le Chant du Crime. Comme ce manuscrit a été enfermé dans le tiroir de mon secrétaire pendant bien long-temps, j'en ai retenu ce passage :

« Malheur aux souverains qui disent à la
« vérité : je te déteste ; qui disent à leur cons-
« cience : ton cri me devient importun ; qui
« disent aux sages et aux anciens du peuple,
« alors qu'ils se font un devoir de les éclairer
« sur les plaintes de leurs sujets : taisez-
« vous !

« Malheur aux souverains qui disent aux
« juges : je vous défends d'acquitter ceux
« que j'ai accusés ; qui disent à la justice :
« tu n'existes que par ma volonté souveraine !

« Malheur aux grands qui disent à l'hon-
« neur : tu n'appartiens qu'aux rois !

« Les rois ! leur gloire est dans la justice ;
« leur véritable trône est dans le cœur des
« peuples.

« Un gouvernement sans équité vogue
« au gré du souffle impur des passions hu-
« maines. »

Au moment où je trace ces lignes, le
bruit des chevaux m'avertit que des gendarmes sont dans le voisinage.

Je n'interromps cet examen de conscience

que pour m'enfoncer dans les endroits les moins connus de la grotte que j'ai choisie pour me servir de lieu de refuge.

Qu'elle est triste cette habitation ! Jamais la clarté du soleil n'a brillé sous ces voûtes profondes ; jamais la pâle lumière de la lune n'a pénétré dans ce lieu écarté..... Je me trompe..... il y a un puits par lequel la lumière y pénètre ; mais ce puits a été construit en forme de flèche brisée, et le jour que l'on y reçoit n'est qu'un reflet foible , sans chaleur et sans vie.....

Combien de cachots n'ont , dans leur profondeur , qu'un jour plus sombre encore ?... J'en connois où la lumière n'a jamais pénétré : ce sont des cercueils où l'homme est *conservé vivant.*

Si la prison est la sœur de la mort , le crime est le fils aîné du démon.

Avançons : des flambeaux ont été préparés ; j'en ai fait un amas.... Hélas ! J'ai amassé l'iniquité pendant un si long temps ! aujourd'hui j'ai besoin de flambeaux pour

habiter la profondeur d'une grotte, heureusement peu connue.... Qu'ils sont terribles
ces gendarmes ! S'ils me tenoient dans leurs
manchettes ! Oh ! mon cœur est bien plus serré
que les doigts de ceux qu'ils ont attachés !....

A qui parler dans cet obscur séjour ? A qui
confierai-je cette secrète et continuelle horreur que je ressens.... que j'inspirai.... que
j'excitai sans cesse ?

Oui, toujours le crime se fait horreur à
lui-même.

Quelles craintes m'environnent ! Je fris-
sonne d'effroi, l'épouvante me saisit et la
terreur m'accable.

Ce qui fit ma puissance autrefois, s'est
changé contre moi en un affreux supplice.

Le vin de l'autorité, si l'on en use modé-
rément, devient pour tout l'état une source
pure et abondante de bonheur ; il n'est alors
qu'un principe de vie.

Mais pour moi, qui me suis enivré de ce
breuvage, il est devenu plus amer que l'ab-
synthe. Je tombe, je me relève, je succombe

encore..... Je ne marche que sur des ronces et sur des épines.

Dieu ! qu'entends-je ! Quel orage ! le ciel est une mer enflammée !.... Entrons dans cette grotte profonde ; si la lumière n'y arrive que par des reflets brisés , la lumière de la foudre pénètre tout le cœur du méchant.

Dans le bruit du tonnerre , le crime entend la voix de son juge.

Et si le coupable , si le criminel répand des pleurs , du sang et non des larmes coule sur son visage.

Et c'est le ministre de la police qui est réduit à la cruelle nécessité de s'appliquer à lui-même des passages de l'ouvrage qui a été frappé du *veto* de la censure !.....

Il me semble qu'il y a une trop grande quantité de flambeaux allumés dans cette grotte ; je vais en éteindre plusieurs.... Mon esprit est accoutumé à détester les lumières du génie ; il me semble toujours que les foibles rayons d'une lampe éloignée blessent également ma foible vue. Enfonçons-nous

davantage dans cette grotte..... Déjà les
flambeaux sont loin, bien loin derrière moi....
si j'avance de quelques pas je ne les apercevrai plus.

Heureusement la grotte a dans sa profondeur des anfractuosités *qui forment autant
de coudes brusques*, et ces caprices de la
nature facilitent beaucoup le coupable effrayé par la crainte du châtiment qu'il a trop
mérité. Encore dix pas, et j'habite l'horreur.... dix pas de plus, les ténèbres palpables, pour me servir de l'image de Milton,
me circonviennent de toutes parts.

Enfin me voici à l'abri de l'orage; ici je
n'apercevrai plus la lumière accusatrice des
éclairs..... Que dis-je? celles si vives et si
éclatantes de la conscience m'ont accompagné malgré moi dans cet obscur séjour.

..... Il me semble qu'il y a sous mes pieds
comme un tronc d'arbre; il me servira de
siége.... Un arbre renversé!.... C'est un
être vivant! Il est chaud! il se meut!.....
Ciel! où suis-je? Qui est là?... Répondez!...

Avec qui me trouvé-je dans cette grotte inconnue ?

Une voix me répond : Je fus ta victime; j'ai vieilli, par ton ordre, dans l'obscurité des plus sombres cachots... De sa main de fer il me renverse, de ses yeux enflammés par la fureur et par le désir de la vengeance, de ses yeux jaillissent une lumière pénétrante et terrible. — Qui es-tu ? — Je t'ai précédé dans cet affreux séjour. — Je te reconnois à l'infection pestilentielle que Dieu a permis qui soit inséparable de l'iniquité. —

Alors l'inconnu, faisant entendre le tonnerre de sa voix effrayante et terrible, me dit encore :

Écoute : la conscience, céleste amie et grand chancelier de l'âme, sœur de la justice et de la sagesse, la conscience apparut à tes regards surpris dès le premier jour de ton entrée au ministère de la police générale.

La conscience daigna t'apporter le trésor inestimable de ses divins conseils; tu les as méprisés... Je suis devenu ton accusateur ; les remords seront tes bourreaux !...

(La peur avoit tellement égaré l'esprit du ministre au moment où il venoit à peine de s'enfoncer dans la grotte, qu'il ne pût rien comprendre à cette brusque apparition..........

Que j'étois loin, a dit le ministre à l'ami qui a écrit cet examen de conscience sous sa dictée, que j'étois loin de m'imaginer qui ce pouvoit-être.......... Qui donc étoit-ce ? C'étoit un ancien prisonnier d'état ; il avoit suivi le ministre en silence, et, à la faveur des anfractuosités de la grotte, il étoit assez heureusement parvenu à se dérober à ses regards avides. Or, avant de s'étendre à terre, comme un tronc d'arbre ou comme un banc, il avoit réussi à cacher habilement la lanterne sourde dont il s'étoit servi dans l'une des cavités les plus profondes et les plus obscures de la grotte.

Ce fut de cette manière que l'on vit un ministre, naguère encore *orgueilleux*, sans entrailles et invisible, soumis à la merci d'un homme irrité, vigoureux et terrible.

C'est à cet ancien prisonnier d'état que nous devons le récit de tout ce qui s'est passé d'extraordinaire dans la grotte........)

Dans ces momens d'angoisse et de per-
plexité singulière, le ministre de la police
se regarda comme étant véritablement dans
une situation désespérée... Il s'écria, à voix
basse, que vais-je devenir?

Tout à coup on entendit dans les immenses profondeurs de la grotte le bruit
éloigné, mais éclatant et terrible de la trom-
pette.

En vain le ministre voulut alors se retirer ;
les flambeaux allumés par ses ordres, et dont
il s'étoit efforcé d'éviter le secours et la
clarté, avoient tout-à-fait disparu. L'homme
irrité garda le plus profond silence.

Alors les gnomes errans dans la sombre
obscurité de la grotte, trompés eux-mêmes
par cette nuit momentanée, accoururent en
foule pour l'examiner et pour lui insulter à
l'envi.

Le chef suprême de ces génies, habitans
des ténèbres, après avoir examiné à loisir le
grand et terrible agent de la terreur impé-
riale, dit à sa troupe :

« Voyez-vous cet homme aux yeux bleus,
« et dont le regard a je ne sais quoi de la
« fausse douceur du crocodile, de la férocité
« du tigre et de la simplicité apparente de
« l'ours, considérez-le attentivement. »

Le second des gnomes, ayant étendu ses
invisibles doigts sur le front du ministre,
dit à son tour : la bosse de l'insensibilité est
la première chose que je puisse y observer ;
mais que de bosses sur cette tête ! et quelle
étonnante réunion de vices, de cruauté froide
et d'aveugle férocité !

Un troisième gnome posa sa main inqui-
sitoriale sur le cœur du ministre ; et prenant
à son tour la parole, il s'écria : Un sage
avoit nommé un geolier *verrou-animal* (1) ;
moi je comparerai l'homme que voici à un
SERPENT AILÉ, qui seroit doué de la faculté
singulière de se revêtir, à sa volonté, de
toutes les formes. — En effet, reprit le chef
suprême de ces génies de ténèbres : il hait

---

(1) Mercier.

la lumière et ne se plaît que dans l'épaisseur des plus obscures ténèbres.... Il y a néan-moins, dit aussitôt une voix humaine qui ne s'étoit pas encore fait entendre, il y a une observation bien grande que je vous in-vite à méditer : il est plus que certain que si cet homme n'avoit jamais été appelé à remplir les fonctions de ministre de la po-lice, il seroit resté inconnu. — Je dirai plus, il auroit vécu en honnête homme ; je l'ai connu long-temps auparavant son effroyable métamorphose ; il avoit des amis et il les méritoit.

A ces mots, il s'éleva dans toutes les par-ties de la grotte comme un murmure sourd; il étoit semblable au bruit que font plusieurs essaims d'abeilles.

Tout à coup, à la nuit la plus profonde, on vit succéder la pâle et terrible lumière d'un immense incendie, qui auroit pris sa naissance dans une soufrière : les flammes en étoient bleues, violettes, rouge-pâles; elles brilloient, s'éteignoient, reparoissoient;

s'éteignoient ; on ne pouvoit, on ne savoit à quelle cause on devoit attribuer ces flammes si douces, si éloignées et si foibles.

Soudain le chef des gnomes ayant agité son sceptre magique, symbole de l'autorité absolue qui lui a été donnée sous la terre et dans les enfers....

(En ces momens extraordinaires et ter- tibles le ministre étoit en proie à la plus vive et à la plus profonde terreur.... Il se dit : Serois-je ici dans l'antichambre de l'en- fer ?)

On entendit un bruit sourd ; il étoit sem- blable aux cris étouffés que des naufragés élancent vers les cieux, à travers le mouve- ment des vagues courroucées et le bruit des vents mutinés....

Alors le ministre distingua ces étonnantes paroles : Il fut insensible à nos pleurs, il se montra sourd à nos gémissemens.... Il a repoussé nos prières..... Il a insulté au malheur. C'est lui ! c'est cet homme qui a dit des Bourbons, car dans sa rage il a méconnu l'équité ; il a dit de ces princes : Je les enverrai à la mort !.... Il a constamment et sans relâche exercé la plus odieuse de toutes les tyrannies sur la pensée, sur le génie, sur la liberté et sur la piété.

Le ministre s'étant efforcé de parler , on vit sortir au-dessus de sa tête une énorme chauve-souris ; ce qui excita , pour le moment, un rire de pitié et de mépris..... Mais rien au monde ne pouvant glacer son audace, il redoubla ses efforts, et voulut une seconde fois se faire entendre.

Plusieurs tigres qui étoient établis dans cette grotte, leur repaire , accoururent pour le voir. Ils formèrent autour du ministre effrayé un cercle menaçant ; mais, soit qu'ils le reconnussent pour appartenir à leur es-pèce, soit qu'ils fussent prédominés par la toute-puissance du chef suprême des gnomes, qui tenoit son sceptre élevé, aucun de ces animaux féroces ne lui fit le moindre mal

L'ancien prisonnier d'état, le même qui s'étoit étendu par terre, et qui avoit fait

entendre sa voix terrible dans ce lieu redou-
table et profond, placé sur une hauteur,
jouissoit en secret des inexprimables terreurs auxquelles le ministre étoit en proie.

Bientôt la scène devint de plus en plus
effrayante, et digne par cette raison des
regards des démons et de l'effroi des méchans.

La première chose qui s'offrit à la vue du
ministre, toujours plus effrayé, ce fut un
tremblement de terre.... Les morts sortirent
de leur asile; la voix de Dieu s'étant fait
entendre.... ils se levèrent comme des épis
de blé, et ils s'avancèrent comme s'ils n'a-
voient formé qu'une seule et même famille.

Dieu! s'écria aussitôt le ministre : je les
ai tous également bien connus. (En effet,
c'étoient ces nombreuses, mais innocentes
victimes de la tyrannie napoléonienne.......
ceux-là même qui, en vertu de ses ordres
absolus, avoient été fusillés !....)

Où fuir !.... où me cacher !.... Ils seront,
au jour du grand et dernier jugement.... ils

seront tes accusateurs, lui dit, d'une voix forte et courroucée, le prisonnier d'état qui étoit dans la grotte.

Alors, du milieu de ce tourbillon accusateur, une voix se fit entendre, et dit : Il y a donc un Dieu vengeur !...... tu doutois d'un avenir.... dans ton cœur, tu disois : le moment présent est tout.... l'avenir est une chimère ; ce monde est un lieu de rendez-vous destiné à nos plaisirs et à nos voluptés ; le néant sera mon refuge : hors de cette vie le néant attend l'homme ; le néant ! il est le Dieu du crime !

A peine ces paroles eurent-elles été entendues, que l'on distingua, mais à une distance très-grande, comme une procession.

Le prisonnier d'état jouissoit en secret des terreurs toujours plus extraordinaires dont le ministre, qui avoit été si long-temps tout-puissant et terrible, se voyoit environné.

Les voici, dit le chef suprême des gnomes,........ ils ont obtenu la permission singulière de se former en procession........

Le ministre voulut se placer à l'écart, et il s'efforça de détourner sa vue pour ne pas voir la nombreuse et très-horrible procession des scélérats.

Il les vit tous, il en salua un grand nombre ; la plupart de ces ombres le saluèrent, et lui dirent : Tu nous as surpassées !

Il vit, il remarqua que, pour l'instruction des peuples et pour l'admonition des grands, Dieu a ordonné que les agens du crime subissent, après leur mort, une espèce de métamorphose......

En effet, un tyran qui avoit été violent, orgueilleux et avare, étoit soumis à reparoître dans un état d'esclavage ; le maître le plus dur lui étoit donné sur la terre ; il devoit ainsi expier sa tyrannie, en languissant pendant un temps beaucoup plus long que celui de son règne sous le joug le plus insupportable.

Néron parut aussi dans cette marche processionnelle, toute composée de méchans, de traîtres et de scélérats.

Soit qu'il marchât..... ou qu'il s'arrêtât,....
on distinguoit cette lumière sombre et terrible qui avertit les peuples des immenses
ravages de l'incendie.

Une couronne ardente avoit été fixée sur
son horrible front.

Quels sont, dit le ministre à voix basse,
ces criminels que je distingue ? il leur a été
permis de conserver le panache noir qui sur-
montoit leur chapeau

En les apercevant, l'ancien prisonnier
d'état leur adressant la parole d'une voix
forte et terrible, il leur dit :

« Juges iniques, quel sang pur vous avez
« versé ?

« Votre panache noir fut un vaste cyprès;
« il a couvert de deuil la France toute en-
« tière. »

Comme ils s'approchoient sur plusieurs
de front, le ministre qui en avoit plus entendu parler qu'il ne les avoit connus, atten-
dit en silence qu'il lui survînt quelque nou-

velles lumières pour pouvoir s'assurer de leurs noms.

Un géant, à la voix de stentor, parut au milieu de ce groupe d'horreur ; Danton, regardant le ministre, lui adressa ces paroles foudroyantes et terribles :

« Une loi de sang avoit créé un tribunal « de tigres ; je fus jugé par eux en vertu de « la loi qui leur avoit ordonné d'être tigres. »

Comment donc, après avoir vu dans la capitale où tu avois fait de tes bureaux une forge ardente où se forgeoient les verroux, des menottes et des chaînes, comment avois-tu sitôt oublié que les lois atroces, que les mesures violentes, que les formes acerbes finissent toujours par réagir contre ceux qui les ont ordonnées ?

Pouvois-tu déjà avoir oublié que, dans les révolutions des empires, les tout-puissans d'aujourd'hui peuvent, sans aucune exception ni faveur, devenir le jouet du grand tourbillon qui a servi à les porter aux grandes places ?

Tous les juges que tu vois n'avoient, di-soient-ils ainsi que toi, fait autre chose que D'OBÉIR.... Tous ont été mis en jugement ; ils ont été défendus ; les séances ont été publiques. (Car dans ces derniers temps d'horrible et continuelle anarchie, on avoit encore quelque respect pour le public.)

Tu le sais ; ils ont été condamnés à la peine de mort.

(En ce moment les juges-bourreaux, les jurés - assassins se formèrent en un seul groupe.)

Danton dit encore : Si j'avois pu croire ce que j'ai vu, je ne serois jamais monté à la tribune.

Eh ! qui pouvoit se persuader, dit alors Fouquier-Tainville, que ceux-là qui ne font que demander ou qu'ordonner l'exécution d'une loi (fût - elle atroce) deviendroient eux-mêmes un jour les victimes de leur zèle ?

Oui, certes, dit Hermann, nous avions plus d'autorité que tu n'en avois dans ta place. Les lois, nous disoit-on, sont vos protecteurs et vos garans.

A ces mots, l'ancien prisonnier d'état descendit de la hauteur escarpée où il s'étoit tenu jusqu'alors.

Il vint se placer à la droite du ministre de la police,

Et, du ton d'un prophète, il éleva sa voix puissante, et dit : « Il n'y a point de paix
« pour le méchant.

« Malheur à ceux par qui le crime règne,
« et qui font de l'éloquence un poignard à
« deux tranchans, et qui s'en servent pour
« égorger, jusque dans les entrailles de la
« patrie, les tendres fils qu'elle porte en son
« sein.

« Celui qui, sous un despote et sous un
« tyran, est appelé à donner sa voix dans
« le conseil, doit à la patrie, à sa conscience,
« à l'honneur de ne lui dire que la vérité.

« Comment a-t-il été facile à Néron, à
« Charles IX, à Philippe II, à Robespierre,

« à Napoléon d'obtenir l'exécution et de réa-
« liser tant et de si horribles crimes ? »

Certes, dit Danton, les complices de la tyrannie sont aussi scélérats que ceux qui leur donnent des ordres et qui leur disent : Obéis, je te récompenserai....

« Tu le vois, les récompenses que promet-
« tent, que donnent les tyrans, sont des fi-
« lets à l'aide desquels les démons nous ont
« tous enlacés dans les profondeurs d'un noir
« abîme. »

Mais, dit le ministre, il me falloit ou fuir, ou obéir.

L'ancien prisonnier d'état lui répondit : Il faut fuir, il faut savoir fuir l'iniquité avec la vitesse des aigles, avec la force impétueuse des torrens.

Quoi ! le bourreau de Lyon, lors de la Saint-Barthélemy, osa être plus sage que le roi ; il sut désobéir.

Et toi, ministre de la police, tu ne sus pas imiter ce vertueux et intrépide bourreau ; car en ce jour d'horreur il mérita l'estime et les respects de tous les siècles.

Oui, désobéir à la tyrannie, oui, fuir l'homme que l'ivresse de l'autorité suprême auroit un moment égaré, ou qui se seroit enivré dans les eaux du torrent de séduction ; désobéir alors est obéir à la loi, c'est respecter la justice, c'est bien mériter de l'avenir.

Oh ! heureux mille fois le souverain qui a trouvé la désobéissance dans son ministre de la police !

Le lendemain de ce jour orageux il lui décernera ses respects, le peuple lui élèvera des statues !

Oh ! heureux le roi qui éprouve de vertueuses, de fortes résistances !

C'est alors que Thémis, du haut des cieux, applaudit à la désobéissance, et que de sa main divine elle orne de son saint diadème le front d'un ministre qui s'est dévoué.

Si le tyran ordonne son supplice, les juges, les sages, le peuple, l'armée, viennent pleurer sur sa tombe. . . .

Mais, ô combien plus heureux est le monarque aimé de son peuple, aimé des nations étrangères, à qui la justice a servi de conseil, qui toujours a placé son trône entre la sagesse et l'équité !

« Malheur, malheur, malheur aux rois
« qui ont foulé sous leurs pieds les lois et
« la justice ! »

« L'iniquité est un torrent qui mine jus-
« que dans leurs fondemens les gouverne-
« mens les plus vigoureux. »

« La justice est l'apanage des princes ; la
« douceur et l'affabilité des grands sont
« comme la rosée qui se répand sur l'herbe
« et qui la rend féconde ! »

Tu le vois, ministre qui administras sans équité, qui te montras envers tout un peuple plus insensible que la mort, plus cruel que la peste ; tu fis faire et tu commis tout le mal que ton impitoyable maître avoit osé te commander.

Le vois-tu ? ta prospérité servira à estimer le nombre et l'importance des crimes que tu

as approuvés; ton or servira de poids dans
les balances de la justice, et il ne pourra te
racheter de la honte; la honte! qui est la mort
dans la vie!....

Et tu pensois, insensé que tu es, tu disois
dans ton cœur : L'or me tiendra lieu de bou-
clier dans les jours du danger; — il sera mon
rempart contre les flots irrités, soulevés, de
l'indignation de tout un peuple....

.. Insensé ! l'or a-t-il jamais pu servir à
l'iniquité de rançon ?

Cependant la horde des juges-bourreaux,
des jurés - assassins s'étoit éloignée de la
grotte.

Le gnome-roi agita son sceptre magique,
et le ministre de la police se trouva trans-
porté en esprit dans une étroite et obscure
prison.

Combien il s'étonna!.... A peine un siége,
un vase rempli d'eau, un lit composé de
quelques planches mal jointes; le jour n'y
arrivoit que par un soupirail en forme d'entonnoir, et très-étroit.... (Par grâce, le

concierge avoit permis que l'entonnoir fût
un peu élargi, afin, dit-il tout bas, que S. E.
puisse au moins continuer, dans sa chambre
du secret, son examen de conscience.)

Un prisonnier d'état, le même apparem-
ment qui s'étoit enfoncé dans la profondeur
de la grotte où s'étoit retiré le ministre effrayé, fit entendre ces paroles :

« Si tu regardes attentivement les mer-
« veilles que Dieu ne révèle que dans la
« chambre du secret où tu viens d'être con-
« duit, si tu observes les accidens de la lu-
« mière et la marche silencieuse, mais so-
« lennelle des cieux, tu te réjouiras, même
« dans ce lieu de pénitence. » (Le ministre
fut d'abord tenté de prendre ce discours
pour une ironie amère ; — il essaya de s'as-
seoir, la chaise étoit usé et il n'en étoit resté
que la charpente ; — il examina ces triples
verroux qui, par l'ordre de l'architecte et par
les soins d'un serrurier ingénieux, peuvent
être, à volonté, enfoncés dans le mur, en
pierre de taille, à une profondeur effrayante.)

Une voix douce, c'étoit la voix d'une femme, dit au ministre : V. E. est dans la chambre qui a servi, en octobre 1812, à priver un poëte de sa liberté ; si V. Exc. en examine attentivement les murailles, il s'y trouve des traces de son génie gai, mais profond, et souvent sublime.

En effet, après avoir long-temps et vainement cherché sur toutes les parties de ces murs, orateurs éloquens du néant des grandeurs humaines, le ministre découvrit ces mots, et il les inscrivit sur ses tablettes :

« Heureux l'homme qui trouve toujours « son juge et son ami dans sa conscience et « dans son cœur !...

« Un seul jour d'équité, s'il étoit univer- « sel, qu'il seroit grand aux yeux du Créa- « teur ! »

Le concierge, ayant fait ouvrir la porte, apporta au ministre de la police la lunette philosophique que le poëte injustement incarcéré dans ce même lieu, et qui avoit écrit

ces deux sentences, l'avoit conjuré d'accep-
ter; et il se retira.

Alors le ministre se remit en mémoire
l'ordre injuste en vertu duquel un homme
honorable avoit été incarcéré en 1812.

Et le ministre se dit : De quel service
pourront être pour moi les lunettes philo-
sophiques d'un homme d'honneur; il ne
suffit pas de les placer, il me faudroit du
calme et des yeux purs ?...

Cependant il plaça les verres optiques, et
les fixa dans les numéros qui indiquoient
leur véritable position.

L'entonnoir venoit d'être agrandi.

Les lunettes ayant été placées, le ministre
essaya de s'en servir ; — d'abord il ne vit
rien, absolument rien.

Bientôt après, le ministre, qui cette fois
étoit parvenu à verser d'abondantes larmes
de repentir sur ses fautes et sur ses noires
iniquités, appliqua sur sa lunette des yeux
lavés par ses larmes.

Alors il crut distinguer, à l'aide de sa lunette philosophique, et il distingua en effet des génies purs, aériens; ils avoient de petites ailes; ils portoient sur leur tête un vase mystérieux; ce vase n'étoit rempli que des larmes qui avoient été versées par des innocens, et qui gémissoient sous d'épais et nombreux verroux.

Un de ces génies avoit des ailes parsemées de soleils, comme le sont, dans leur plus éclatante splendeur, les longues plumes du paon.

Ce brillant et pur génie ne dédaigna pas de pénétrer dans la chambre où étoit alors le ministre de la police, et le regardant avec bonté, il lui dit : J'ai recueilli dans ce vase mystérieux que tu vois sur ma tête, et les larmes si pures du vertueux Louis XVI, et les larmes de la reine, et les pleurs innocentes de madame Élisabeth..... j'y ai thésaurisé les soupirs des enfans de cet infortuné prince. — Je suis le génie de la douleur.

Cet essaim que tu vois est soumis à mes ordres ; tous les jours nous nous rendons dans l'obscurité des prisons ; nous y versons le baume des consolations divines, pendant leur sommeil, sur le cœur des victimes de la tyrannie ; à leur réveil, les prisonniers se livrent à toute l'énergie qui appartient à la bonne cause ; l'espérance nous suit, et souvent elle nous a précédés dans ces lieux affreux.

Le ministre supplia, d'une voix éteinte, il conjura le génie de la douleur de lui révéler quelle pouvoit être la mission dont lui et l'essaim qui lui étoit soumis se croyoient chargés.

Où donc, ajouta-t-il, déposez-vous ce trésor de larmes et de gémissemens ?

Aussitôt, au lieu de lui répondre, le génie de la douleur agita son invisible sceptre ; et le ministre vit avec un sentiment religieux de respect, il vit que ces génies, qui étoient très-nombreux, semblables aux abeilles, mais d'un ordre supérieur à ces admirables

insectes, amassoient dans le vase mystérieux qui étoit sur leur tête les larmes de
la veuve, des orphelins, des vieillards ; ils
s'efforçoient à l'envi de n'oublier aucun des
soupirs, aucunes des larmes des victimes
de la tyrannie.

Et, par l'ordre de l'Éternel, ils les dé-
posoient au pied de son trône, invisible
pour les coupables, mais dont la splendeur
brille pour les justes.

Éloa le premier des anges les déposoit,
avec un sentiment de vénération, dans le
vase du jugement.

Il déborde depuis long-temps, ajouta le
génie de la douleur.

Mais, depuis long-temps, par l'ordre du
Très-Haut, les pleurs des opprimés sont
amassées dans le vase de sa miséricorde.

Un tremblement de terre, accompagné
de la foudre et des éclairs, étendit ses ravages et ses malheurs sur toute la contrée.

Une nuit obscure et profonde succéda à
ces longues heures d'anxiété et d'angoisse.

Le canon se fit entendre pendant plusieurs heures, et annonça l'arrivée des Bourbons.

Le ministre reçut l'ordre de s'enfoncer désormais dans la retraite la plus éloignée ; il laissa dans sa prison cet examen de conscience qu'il avoit terminé ainsi :

Il me semble que j'assiste au conseil de l'Être-Suprême qui, du sein de la paix et de la félicité, daigne lui-même dessiller ma vue. Il appelle à soi un état populeux et livré à toutes les convulsions. Soudain il lui rend son roi légitime ; il balance le bonheur des citoyens par leurs vertus ; il leur inspire de sages lois qu'il rend garantes de sa puissance et de sa paix. — Il dit, et les lois répandent dans toutes les parties de l'administration, dans l'âme des juges et dans le cœur des citoyens, un esprit de vie. On voit de toutes part le calme de la vertu ; on admire la sagesse des lois ; on en bénit les organes ; le crime frémit à leur aspect ; l'innocent trouve des protecteurs intrépides ; l'État est sain et vigoureux dans toutes ses parties. Les siècles s'écoulent comme les eaux des fleuves. A de bons rois, à des magistrats adorés succèdent de nouveaux Titus et de nouveaux Malesherbes. Le peuple ne connoît point les troubles, il hait l'intrigue qui le livre au malheur d'être gouverné par des lâches et par des ambitieux. Il règne à l'ombre auguste des lois que lui-même a consenties et promulguées, et la félicité dont il jouit ne peut ni diminuer ni s'accroître.

Un État ainsi gouverné vogue sur un océan sans tempête.

FIN.